ADVIS

SVR LA NATVRE
DE LA PESTE,
ET SVR LES MOYENS
DE S'EN PRESERVER
& guerir.

Par Mᵉ FRANÇOIS CITOYS
*Medecin du Roy, prés Monseigneur
le Cardinal de Richelieu.*

A PARIS,

Chez SEBASTIEN CRAMOISY,
ruë S. Iacques, aux Cicognes.

M. DC. XXIII.

A MONSIEVR
MONSIEVR CITOYS
Conseiller dv Roy,
& Receueur General de ses Finances en la generalité de Soissons.

MONSIEVR *mon frere,* I'ay dreßé en cette solitude de Monceaux vn petit Aduis, touchant le mal pesteilnt qui court à Paris, & lieux circonuoisins, pour seruir à Monseigneur le Cardinal de Richelieu, & à ceux de sa maison, à s'en garentir & defendre par les moyens que vous verrez dans la coppie que ie vous enuoye, dont ie vous ay voulu faire part, afin d'en vser en la resolution que vous

ã ij

auez prise de ne quitter point voſtre
maiſon Vous y auez des remedes aſſés forts à mon iugement pour vous
conſeruer du mal, qui ſemble pluſtoſt ſe
communiquer par negligence & frequentation de gens infectés, que par
vne corruption generale de l'air.
Neantmoins ſi vous voyés que ce fleau
de Dieu continue plus long temps à af-
fliger voſtre ville, ie vous prie de pra-
ctiquer le premier de mes remedes, qui
eſt de prendre la campagne, & vous
eſloigner des occaſions de participer à
la miſere commune. Ie ſçay qu'il y a
aſſés d'excellens Medecins en voſtre
ville, qui vous peuuent aſſiſter d'auſſy
bons, & volontiers meilleurs aduis:
mais celuy-cy vous ſera ſeulement vn
teſmoignage de l'affection que i'ay à
vous ſeruir & demeurer,

Monſieur mon frere,

De Monceaux ce
27. Aouſt 1624.

Voſtre tres-humble &
obeïſſant frere, F. Citoys.

Le Libraire au Lecteur.

AMY Lecteur, Monfieur Citoys Confeiller & Receueur du Roy en la generalité de Soiffons, ayant receu de Monfieur Citoys fon frere Medecin du Roy vn Aduis contre la Pefte, en fift part à l'vn de fes Amys, comme d'vn threfor qui tenoit les remedes les plus falutaires de la fanté & de la vie. M'eftant trouué à la lecture de cét ouurage, qui fe fift en prefence de quelques hommes doctes & iudicieux, qui iugerent la piece hors les termes du commun, & paffant de bien loin vne quantité d'autres aduis donnés fur le mefme fujet : ie pris la hardieffe de demander la coppie pour la mettre fous la preffe, & donner au public le fruict & l'vtilité qui autrement ne retournoit qu'à peu de perfonnes. I'eus de la peine d'obtenir ce cógé de Monfieur Citoys le Receueur, pour n'eftre affeuré de la volonté de Monfieur fon frere, qui n'auoit dreffé l'ouurage à deffein de luy faire voir le

á iij

iour, mais pour la conseruation seule de Monseigneur le Cardinal de Richelieu, auquel il a l'honneur d'appartenir. Toutefois luy ayant remonstré que l'aduis n'estoit pas si particulier, qu'il ne peust profiter au general; qu'il n'y auoit personne qui ne sçeust tirer profit d'vn triage si exquis de bons remedes & approuués; que Monseigneur le Cardinal desireux qu'il est du bien public, ne pourroit s'offenser de voir donné au general le conseil qui luy estoit addressé; & que Monsieur Citoys son frere ne pouuoit ne deuoit empescher vne action si sainte, si salutaire & si profitable, par laquelle vn nombre de personnes pourroit s'armer & se munir contre la fureur & la rage de cette maladie, & surmonter la violence de ce commun & puissant ennemy. I'obtins en fin la permission d'imprimer la coppie telle que tu la vois, sans que l'Autheur y ait peu mettre la derniere main, à quoy toutesfois on vouloit differer l'impression. I'espere que les plus curieux y trouueront de quoy les contenter, & tous également à profiter. C'est dequoy ie t'ay voulu aduertir. Adieu.

QVATRAIN.

SI c'est l'acte d'un Dieu, pouruoir aux
   maux de l'homme,
CITOYS nous soulageant contre l'air
   empesté,
En cela, de la France, autant a merité
Que le Dieu d'Epidaure, a iadis fait de
Rome.

D. C.

ADVIS SVR LA
Nature de la Peste, & sur les moyens de s'en pre-seruer & guerir.

E n'est pas sans raison, que *De Ther.a.* Galien a comparé la Peste à *Pis.* vne beste farouche, & veni-meuse, qui deschire & deuore tout ce qu'elle rencontre. Car la Peste est vn venin engendré en nos corps, tant de la corruption des humeurs, que de celle de l'air, non simple & elementaire, mais composé, & meslé de certains petits atomes & corpuscules, qu'Hippocrate appelle νοσηρὰ *Lib. de flat.* μιάσματα, c'est à dire souillures morbifiques, conceuës & procréées des exhalaisons putri-des de la terre, ou de la maligne influence des astres, qui s'insinuént auec l'air, que nous inspirons, & s'en vont gagner le cœur, siege de l'ame & de la vie, & source ou fon-taine de son principal instrument, qui est la chaleur naturelle, que ce venin abbat, esteint, & consomme, tantost en peu d'heures, tan-tost en peu de iours, selon la resistance, qu'ap-

porte la forte ou debile complexion du sujet.
Or comme il eſt permis à vn chacun, qui a
dequoy attaquer, & ſe defendre, de courre
ſus à la beſte farouche & venimeuſe ; auſſi me
ſera-il loiſible de me ioindre auec tant de
grands & puiſſans Aſclepiades, qui ſe ſont
mis aux champs, pour faire la guerre à ce
commun ennemy peſtilent, qui rauage deſia
la principale cité du Royaume, & s'eſtend
maintenant, trop licentieuſement, aux villes
& bourgades d'alentour; & d'apporter & em-
ployer pour la defenſe commune, & particulierement pour celle de Monſeigneur le
Cardinal de Richelieu, qui m'a fait l'honneur
de me commettre le ſoin de ſa ſanté, ce que
l'art & l'experience m'en ont appris depuis
trente ans en çà.

Definition de la Peſte.

CHAPITRE PREMIER.

ſal. 90.

CE mal ſe nomme dans le Pſalmiſte ſa-
gette, demon de midy, dragon, aſpic, &
baſilic, pour faire voir, combien eſt grande &
deuorante la nature de ce venin. Mais pour le
definir plus eſſentiellemét, ie dis, que c'eſt vne
maladie epidemique, contagieuſe, pernicieu-
ſe, & venimeuſe, qui en peu de téps dépeuple
les villes de leurs citoyens, & les maiſons de
leurs maiſtres. Elle s'appelle epidemique
ou populaire, pour ce qu'elle court ſur tous

aages, sur tous sexes, & sur toutes conditions, pauures & riches, & ce en vn mesme temps, & par vne cause commune & vniuerselle, qui est l'air alteré & corrompu.

Elle est nommée contagieuse, pource que cét air, ayant receu les vapeurs putrides & pestiferes, les transmet & transporte de corps en corps, & les communique diuersement, selon la diuerse disposition qu'ils ont, soit par leur nature foible & debile, ou rare texture, comme parloient nos peres, soit par la cacochymie & pourriture des humeurs.

Ce n'est assés qu'elle soit epidemique, & contagieuse: car la rougeole, petite verole, coqueluche & dysenterie sont epidemiques & contagieuses: la phtise, l'ophtalmie, les gales, & gratelles simplement côtagieuses, & quelquefois aussi epidemiques, & le tout neantmoins sans peste. Il faut donc qu'elle soit encores dangereuse & pernicieuse, & qu'il en meure plus qu'il n'en guerisse, d'autant que ce venin porté auec l'air attaque particulierement le principe de la vie, qui est le cœur.

Elle est finalement appellée venimeuse, d'autant qu'il y a des maladies, qui sont epidemiques & pernicieuses, qui ne sont pas venimeuses, comme en temps de grandes pluyes, les squinancies, apoplexies, & cette paraplegie, dont Hippocrate fait mention au premier des Epidemies, qui arriua en Thasos: és grandes secheresses les fieures aigues & coliques bilieuses, qui bien que pandemiques &

communes, font finon epidemiques, à tout le
moins endemiques ou endemienes, c'eft à
dire regionales, qui courent fur le peuple
d'vne feule region, ou prouince, en ce temps
là, & ne font neantmoins ny venimeufes ny
contagieufes, & par confequent ne fe peuuent appeller Pefte ; mais bien peftilentes, à
caufe qu'elles retiennent la nature de la Pefte, en tant qu'elles font communes & perni-
cieufes, mais non venimeufes. Et s'il y a
de lo. aff. quelque venin, il n'eft conceu de la corruption de l'air, mais feulement de la corruption des humeurs (qui s'alterent tellement
en nos corps, dit Galien, qu'elles prennent la
nature & qualité de venin) & par confequent
ne fe communique point, finon fort rare-
ment, comme il s'eft veu quelquefois en nos
coliques bilieufes de Poiǎou, entre le mary
& la femme, & quelques autres : Ains s'e-
fteint, où il a efté premierement engendré,
foit que le malade gueriffe par l'vfage des
bons alexiteres, & autres remedes, foit qu'il
meure par la violence du mal. Et lors morte
la befte, mort le venin. Ce qui n'eft en la
Pefte, laquelle fe prend & du mort, & du vif.
Du mort, pource que la corruption y eft fi
grande, qu'encores que les pores du cuir
femblent conftipés, par le froid glacial commun à tous les corps morts, que la chaleur
naturelle eftant efteinte, femble ceffer toute
fon euaporation; Neantmoins la chaleur pu-
de lo aff. tredinale commence incontinent la fienne,
comme il paroift & par la liuidité des corps;

& par la puanteur: & encores par la molleſſe
& laxité d'iceux, qui eſt le ſigne que i'ay ob-
ſerué, apres Galien, pour aſſeurer que quelqu'vn eſt mort de fieure peſtilente, ou autre
venin, quand on luy trouue vne molleſſe
grande de tout le corps, tout auſſi toſt qu'il a
perdu ſa chaleur, & qu'il deuient froid.

Des cauſes de la Peſte.

CHAP. II.

LEs cauſes de la Peſte ſont ou generales, ou
particulieres: les vnes ſuperieures, les autres inferieures. Il y en a vne generale & pre-
miere qui eſt l'ire de Dieu, vengereſſe de nos
fautes & offenſes, comme il paroiſt au ſecond
des Roys, en l'exemple du peuple de Dauid,
dont il mourut en moins d'vn demy iour, ſoi-
xante & dix mille perſonnes. Et celle là re-
garde Meſſieurs les Theologiens. Mais Dieu
ſe ſert le plus ſouuent des moyens, qu'il a eſta-
blis en la Nature, que nous appellons cauſes
ſecondes. Et premierement des malins aſ-
pects des planetes, & ſur tout de la côionction
de Saturne & de Mars, en ſignes humains,
comme ſont Gemini & Virgo. Les eclipſes
du Soleil & de la Lune, les cometes, & autres
impreſſions ignées ſont de meſme genre, &
par le trouble qu'elles cauſent dans l'air, par
vents, pluyes, tonnerres, tremblemens de
terre, & ſemblables effects, excitent des ſe-

mences de pourriture , & des exhalaisons
foubsterriennes, qui infectent l'air, les eaux,
& en fuite les corps. Les caufes particulieres
font externes,ou internes. La principale caufe
externe eſt l'air, immoderément chaud &
humide, aydé du vent d'Autan ou Midy , eſ-
pais & fans pluye,comme il a tiré depuis trois
mois en ça , precedé neantmoins de grandes
pluyes de l'hyuer, & de la generation de plufieurs infectes engendrez de pourriture, rai-
nes, hannetons,& femblables. Les eaux ſta-
gnantes ou dormantes des eſtangs & marais,
les corps morts,les cloaques, les herbes pour-
ries,comme le chou, le chanure & le lin. Les
halenes des peſtiferez apportent vne grande
alteration & corruption dans l'air,& ainfi engendrent en luy ces miafmes morbifiques &
femences de Peſte, aufquelles l'Hippocrate
rapporte la vraye caufe & origine de ce mal
commun. Les mauuais viures , & les mauuaifes eaux engendrent en nous mauuaifes
humeurs, de la pourriture defquelles s'engendrent fieures peſtilentielles, & la Peſte
mefmes, comme a remarqué Galien au liure
des viandes de bon & de mauuais ſuc. L'excés du fommeil ou des veilles, de l'exercice
ou du repos, de la retention ou excretion des
fuperfluités,& des paffions de l'efprit, particulierement la frayeur donne vne grande
difpofition à ce mal. Les bains,les eſtuues,&
l'vfage immoderé des femmes, donnent encores plus d'entrée à ce venin, à caufe de la
dilatation qu'ils font des pores du cuir, & de

la necessité qu'ils apportent d'inspirer & transpirer plus d'air qu'il ne faudroit autrement.

Les causes internes sont antecedentes, ou coniointes. Les antecedentes sont les humeurs vitieuses, contenues tant dedans que dehors les vaisseaux, qui venans à se pourrir, engendrent en nous fieures malignes, rougeoles, veroles, phlegmons, froncles & semblables eruptions auancoureuses de Peste. Mais quand la pourriture est paruenue au degré capable de prendre & conceuoir la forme du venin de l'air empesté, lors cómence à s'esclorre cette espouuantable & effroyable Peste : de laquelle la cause conioincte n'est autre, selon tous les Medecins, sinon le mesme air corrompu, comme dit est, ou pluſtoſt ces petits germes de putrefaction qu'Hippocrate appelle en vn lieu νοσηρὰ μιάσματα, en vn autre νοσηρὴν ἀπόκρισιν, qui estans desia receus dans le cœur, par les arteres trachée & veneuse, en suffoquent les esprits, & destruisent la chaleur naturelle. Or il y a trois moyens, par lesquels ce mauuais air, ou ces germes de Peste, faisans partie de cest air, se communiquent & sont receus en nos corps. Le premier & le plus dangereux est celuy qui se fait par attouchement, sans interposition manifeste d'aucun air, & se fait vn transport du venin immediatement du corps malade dans le corps sain; tout ainsi que de la morsure du chien enragé, ou de la vipere, ou du scorpion, le venin est porté dans le corps de la personne mordue. Le second moyen de

cette communication ou contagion eſt appel-
lé *per fomitem* , quand cét air peſtilent eſt
porté par quelque corps propre à le conſeruer & fomenter long temps , comme habits
de laine, de linge, & de peaux , les licts, cou-
uertes, matelats, tapiſſeries & ſemblables, où
comme l'ordure s'attache, auſſi fait ce venin,
qui apres vn iour, vne ſepmaine, vn mois , ou
vn an , ou pluſieurs , (comme il arriua du
temps de Galien de cette caſſette d'or qui fut
pillée au temple d'Apollon , & ouuerte par
des ſoldats, qui moururent preſque tous de la
puanteur qui en ſortit) vient à infecter l'air
prochain, & s'inſinue , ou gliſſe dans le cœur
de celuy, qui n'y penſe pas. Et cette eſpece
de contagion ne rencontre pas touſiours à
faire tant de mal. La troiſieſme & plus
commune contagion eſt celle, qui ſe fait *ad*
diſtans , c'eſt à dire de loing, d'vn corps en
l'autre , par le moyen de l'air infecté, tant de
ſoy, que des halenes & euaporations des corps
malades, ou par le moyen du meſme air, con-
tenant en ſoy les principes de la Peſte , porté
de maiſon en maiſon , de ruë en ruë, de ville
en ville , & de region en region, comme elle
fit du temps d'Hippocrate & de Thucydide,
d'Ethiopie en Grece.

Des

Des differences & especes de la Peste.

Chap. III.

COMME il y a trois choses en nous, qui conspirent à l'integrité de toutes les fonctions du corps humain, les parties contenantes, qui sont les os, les cartilages, les ligamens, les nerfs, veines, arteres, & autres parties solides : les parties contenues, qui sont les humeurs, le sang, l'vne & l'autre bile, & la pituite : & les esprits, qui agitent & font mouuoir tout le reste, d'où vient qu'Hippocrate les appelle impetueux, ou faisans impetuosité ἐνώρμωντα : Ainsi il y a trois genres de fieures, qui blecent les fonctions du corps humain, par le vice de ces trois parties, des esprits, des humeurs, & des parties solides, l'ephemere, la putride, & l'hectique. La fieure ephemere est dans les esprits, la putride dans les humeurs, & l'hectique és parties solides. Mais la fieure pestilente ne se contente pas d'enflammer les esprits, les humeurs, & les parties solides ; mais y apporte vne qualité si venimeuse, qu'elle destruit & corrompt tout, selon la disposition qu'il y a en chacune de ces parties à la pourriture. Si elle est aux esprits, elle sera ephemere pestilente, qui dans vingt & quatre ou trente heures, emporte le patient, si par vn puissant alexitere, le venin n'est promptement esteint. Si la pourriture eſt aux humeurs, ce ſera vne putride peſtilente, qui eſt la plus commune & de plus longue durée, qui court iuſques au 4. 5. 6. & 7. dans lequel temps elle doit auoir pouſſé ſes tumeurs ou abſcés, que le vulgaire appelle particulierement Peſte, nous bubons, dans les emonctoires, c'eſt à dire derriere les oreilles, aux aiſſelles, ou aux aines; & ſes carbŏcles ou charbons par autres diuers endroits du corps; & ce, parfaitement ou imparfaitement. Si parfaitement, ces bubons & charbons ſont ordinairement critiques, & non pas touſiours, cŏme l'a cotté Galien ſur les Aphor. Si imparfaitement, les malades meurent, ſi l'art ne ſupplée à la nature, auant la fin du ſeptieſme, lequel paſſé, la plus grande part ſe ſauue, s'il ne ſe commet faute au traitement. Que ſi la pourriture eſt dans les humeurs ſecondaires, qui conſtituent la ſubſtance du cœur, qui ſont le *ros, cambium, gluten*, & l'humeur inſite ou radicale, il ſe fait vne fieure hectique peſtilente, qui ne peut eſtre telle du premier aſſaut, que par vn venin fort violent, ſans toucher premieremét aux eſprits & aux humeurs, comme le tonnerre briſe les os, ſans offenſer la chair. Les ſimples fieures hectiques ſuruiennent ordinairement aux ephemeres & putrides, & durent fort long temps. Mais celle cy eſt fort aigue, d'autant qu'elle attaque la propre ſubſtance du cœur, qui ne peut longuement endurer la ſolution de continuité, qu'y apporte l'action de la chaleur putredinale. Ce ſont celles qui trompent le plus

Aph. cŏ.

les Medecins, pource qu'il ne semble pas que
le malade ayt mesmes la fieure, & cependant
il se trouue mort lors qu'on n'y pense pas, à
cause de l'égalité du poulx, & de la bonté des
vrines, qui accompagnent ordinairement cette, espece de fieure.

Des signes de la peste.

CHAP. IV.

IL y a deux sortes de signes de la peste. Les
vns de celle qui est à venir, les autres de
celle qui est presente : ceux-là pour preuoir le
mal, ceux-cy pour s'en garentir. Les signes
de la peste à venir, sont ou generaux ou particuliers. Les generaux sont les déreglemens
des saisons, remarquez au chapitre des causes,
les malignes conionctions des Planettes, les
Eclypses, le cours frequent du vent de Midy,
la mortalité des animaux, la quantité de gre-
nouilles & d'insectes engendrés de pourriture, incontinent apres les pluyes, le cours des
rougeoles, petites veroles, vers, phlegmons
carbonculeux, & autres maladies populaires,
le frequent auortement des femmes, les inon-
dations des eaux, la famine, la rage des chiens,
& semblables.

Les signes particuliers par lesquels vn chacun peut sentir le peril où il est de tomber en
ce mal, est quand il sent en soy des marques
manifestes de la pourriture interne, comme

sont les lipothymies ou maux de cœur, puanteur de bouche, pesanteur de teste, indigestion
d'estomach, mauuaise couleur, signe d'ob-
struction des principaux visceres, singuliere-
ment du foye & de la ratte.

Les signes de la peste presente sont, ou de
l'air desia infecté & corrompu, ou des 'personnes desia detenues de ce mal.

Les signes de l'air desia corrompu sont la
puanteur de l'air, soit des euaporations des
cloaques, ou autres pourritures manifestes,
soit des exhalaisons soubsterriénes &occultes:
la mort des brebis, & autres animaux à quatre pieds, si l'air est corrompu des causes inferieures, & la mort ou fuite pour le moins
des oyseaux, particulierement des Milans, si
l'infection est des causes superieures, bien que
des causes inferieures mesmes, les oyseaux
quittent leur nids, & volent haut, pour eui-
ter la corruption, qui est dans la plus basse region de l'air. Vn autre signe bien certain est
quand plusieurs personnes esloignees les vnes
des autres, & sans frequentation d'aucun con-
tagié, sont frappees en mesme temps de ce
mal. Les autheurs remarquent qu'on le re-
connoist encores mieux corrompu, si on donne à boire à vn chien de la rosée amassée auant
le Soleil, & qu'il en meure.

Les signes pathognomoniques du mal present, sont ou communs à toutes fieures pesti-
lentes, ou propres à chacune espece. Les signes communs sont peu de chaleur estrange
au dehors, & grande au dedans, le visage en-

flammé & bien souuent liuide, defaillement
de cœur, & affoiblissement de forces, dés le
premier ou second iour, douleur de teste, auec
assoupissement, & quelquefois delire ou res-
uerie, & puanteur des excremens. Les signes
propres de l'ephemere pestilente sont, la fre-
quente syncope ou lipothymie, pour le moins
vomissement ou nausee, les forces totalement
abbatues, grandes inquietudes, sans que les
vrines laissent d'estre loüables, & sans que les
patients ayent quelque grande douleur ou
mal, par lequel ils puissent reconnoistre le
mauuais estat où ils sont.

Les signes de la fieure putride pestilente
sont, la chaleur vn peu plus acre & mordi-
cante qu'aux autres deux especes, le poulx
inégal, quelquefois tardif & rare, & autres-
fois viste & frequent, & par fois plein, & par
fois formicant : les vrines aussi quelquesfois
loüables, mais le plus souuent troubles, rou-
ges, & puis liuides & puantes : flux de ventre
copieux & frequent, qui tesmoigne la colliquation & liquefaction, qui se fait des humeurs par cette voye, & quelquesfois par les
sueurs, comme il se faisoit il y a tantost vn sie-
cle entier, en cette sueur d'Angleterre, qui
pendant l'espace de cinq ans, rauagea outre
le lieu de sa naissance, toute la France & l'A-
lemagne. Les signes de la fieure pestilente hectique, sont vne colliquation de toute la substance du corps, qui semble tout fondu en vn
moment, les yeux caues & enfoncez, sans
cause manifeste, ayant au reste la chaleur dou-

ce, le poux égal, & les vrines loüables, &
partant ladite fieure malaiſément reconnoiſ-
ſable, ſinon par vn grand homme du meſtier.
Et cette-cy eſt rare. Mais d'autant que l'ephemere ſe conuertit bien toſt en putride, qui eſt
la plus ordinaire peſte, il eſt à propos d'en re-
cueillir tous les ſignes, & dire hardiment,
qu'vne perſonne eſt atteinte de peſte, quand
on luy trouuera la face flamboyante & rouge, & quelquesfois liuide, les yeux eſtincelãs,
vne peſanteur & aſſoupiſſement de teſte, reſ-
uerie, le poulx au commencement égal, & aſſez fort, & peu de temps apres inegal, petit, &
frequent, vomiſſement perpetuel, ou nauſée
pour le moins, l'appetit perdu, la langue noire, & ſoif inextinguible, les vrines eſpaiſſes,
troubles & puantes, la froideur des extremi-
tez, les anxietez ou inquietudes grandes : &
pour marques plus certaines que tout, le bubon ou boſſe (que le vulgaire appelle particu-
lieremét Peſte) ſoubs la gorge, ou derriere
l'oreille, ſoubs l'aiſſelle, ou dans l'aine: le charbon en diuerſes parties du corps, & les exanthemes, ou taches, de couleur de pourpre,
violettes, ou autre, ſur la poitrine, ſur le dos,
au dedans des bras & cuiſſes, & ailleurs. Et
toutesfois il n'eſt pas neceſſaire que tous ces ſignes s'y retrouuent enſemblément. Il ſuffit
pour y reconnoiſtre la peſte, que les principaux y ſoient, comme le bubon ou le charbon,
auec les vomiſſemens & ſyncopes ſuſdits, leſquels meſmes, auec les autres ſignes denom-
mez, ne ſeroient ſignes vniuoques de la peſte,

si l'air n'estoit pestilent & contagieux, & qu'il n'eust premierement paru qu'en vne mesme maison, plusieurs fussent morts d'vn mesme mal, accompagné de ces signes, & que d'vne maison, il eust passé à l'autre, ou d'vne personne à l'autre, ou pour auoir conuersé, halené, ou touché quelque harde des malades, ou plustost que par la communication de l'air infecté, le mal eust esté porté d'vn lieu à l'autre, sans autre moyen. Il y a quelques pestes accõpagnées d'auttes accidens fort perilleux, comme celle dont Guidon de Cauliac fait mention, accompagnée d'hæmorrhagie ou flux de sang par la bouche, par le nez, par le fondement, par la matrice & par la vessie : de difficulté de respirer, de toux, de tension des hypochondres, & de semblables signes equiuoques.

Au tr. des apost. de la puictr.

Reste les signes prognostics, par lesquels on peut recognoistre l'éuenement douteux de cette traistresse maladie. La plus dangereuse & la plus courte est, l'ephemere pestilente: en second lieu l'hectique, & la putride la moins perilleuse, s'il y a quelque moins en vn si grand peril. Toutesfois si le vomissement n'est point de matiere puante, les vrines point liuides, ou noires, l'halene point puante, les exanthemes point liuides ou noirs, les charbõs point en la region du cœur, ou de la gorge, ou de l'estomach: & que les bubons soient plustost à l'aine que derriere les oreilles, & plustost derriere les oreilles, qu'à l'aisselle, & qu'ils soient sortis dés les premiers iours, & auant le charbon, il y a lieu d'esperer quelque

bonne iſſuë de ce mal, comme auſſi vne mauuaiſe fin des effects contraires.

Des moyens de ſe preſeruer de la Peſte.

Chap. V.

LE moyen de ſe preſeruer & garentir des
ſiniſtres effets de cét ennemy du genre
humain, ſont generaux ou particuliers. Les
generaux & principaux ſont d'auoir recours
premierement à celuy qui de ſa toute-puiſſan-
te main nous protege & couure ſoubs l'ombre
de ſes aïles, & dire auec le Pſalmiſte : *Qui ha-*
bitat in adiutorio altiſſimi : in protectione Dei
cœli commorabitur, &c. C'eſt le propre moyen
de faire que *Non accedat ad te malum, & fla-*
gellum non appropinquet tabernaculo tuo.
Puis ſi on n'eſt obligé de tenir bon, & demeurer par le deu de ſa charge, comme eſt le Re-
cteur & Curé de la Parroiſſe, le Preuoſt des
Marchands, Maire, premier Conſul, Iurat,
Capitou, ou Capitaine de Garniſon auec ſes
Soldats ; il faut prendre quartier à part, &
mettre en pratique les pilules *de tribus, Cïto,*
longè, tardè. C'eſt à dire, s'en aller bien toſt,
& bien loing du lieu infecté, & reuenir bien
tard. Vn vieux Docteur Iuriſconſulte dit
que *Deum nïitur tentare, qui in loco contagio-*
ſo contendit habitare. Le terme de s'en retour-
ner le plus court, eſt quarante iours apres
qu'il n'y aura eu perſonne malade de ce mal,

&

& pour le plus long & le plus seur, trois mois.

De l'Air.

LORS qu'on est necessairement obligé de demeurer en vn air contagieux, le moyen particulier de s'en garentir, consiste au deu & conuenable vsage des six choses nonnaturelles, qui sont l'air, le boire & le manger, le sommeil & les veilles, l'exercice & le repos, l'excretion & retention des superfluitez, & les passions de l'ame.

Pour l'air il le faut corriger, & consommer les semences de corruption, qu'il contient en soy, par le feu, qu'il faut allumer en plus d'endroits, que faire se pourra. Plusieurs approuuent de tirer quelque volée de canon. Le meilleur bois pour brusler est le geneurier, le cyprez, le laurier, rosmarin, le serment, le genest, le chesne, le saule, le fraisne, & le tamaris, parmy lesquels on peut ietter quelques bonnes herbes odorantes, comme la mariolaine, la sauge, la menthe, l'origan, le calament, & semblables. Les bois qui ne valent rien à brusler sont le buis, le noyer, le figuier & le seu ou sureau, pource qu'ils produisent en bruslant vne mauuaise & puante odeur, qui est contraire à l'intention d'Hippocrate, qui en cette gráde Peste, qui venoit d'Ethiopie en Grece, fit brusler les forests les plus proches du costé dont elle estoit apportée, où estoient pins, sapins, lentisques, melezes, terebin-

thes, cedres & autres bois odoriferans, pro
pres à consommer les semences de la corruption de l'air, & du mesme bois fit allumer
du feu par les carrefours des villes, comme
remarque Galien ; lequel apres Hippocrate
enseigne encores vn autre moyen de n'estre
point offensé de ce mauuais air, c'est d'en attirer peu. Aux euaporations, dit-il, qui offen-
sent les corps plustost par la proprieté de toute la substance, que de leur qualité nuë, Hippocrate y apporte cét ordre de curation, qu'il
rapporte à deux chefs, le changement ou alteration de l'air, & la faculté d'attirer peu de
vent ou d'air. Ce dernier moyen depend de
ne donner occasion au cœur & au poulmon,
d'en attirer plus que d'ordinaire, & ne faire
ny violens exercices, ny se donner de vehe-
métes perturbations d'esprit, pource que par
ces occasions le sang s'eschauffe, particulierement à l'entour du cœur, qui pour son rafraif-
chissement est contraint de doubler sa systole
& diastole, c'est à dire sa contraction & dilatation : celle-cy pour attirer dauantage d'air,
& celle-là pour expulser l'excrement fuligi-
neux qui se multiplie par cette chaleur extra-
ordinaire. Il faut donc se tenir en vne grande
moderation de toutes choses, pour ne respirer de cét air, que ce que la nature peut alte-
rer & vaincre, pour le rendre propre à la re-
stauration de l'esprit vital. Et afin qu'il soit
encores plus familier & plus conuenable à no-
stre nature, il le faut procurer sec & purifié
par cassolettes, qu'on tiendra sur le réchaut,

d'escorces de citron, orange, pommes, auec
quelque clou de girofle, qu'on infusera en
eau rose, vinaigre, vin blanc, ou eau de naffe. Les pastils & oyseaux de chypre, de sty-
rax, benioin, santaux, ladanum, & camphre,
pour ceux qui n'en ont point l'odeur en haine,
incorporez auec mucilage de gomme tragacanth, extraite en eau rose, seruent aussi bien
fort à la correction & rectification de l'air.
Angelus Sala Vincentinus prefere ses pastils
de fleurs, de soulfre, de myrrhe, & de baume
du Perou. Ie ne craindrois en cela, sinon que
la vapeur du soulfre donnant dans le cerueau
des vertigineux ou epileptiques, leur excitast
les paroxysmes ou accés. Au lieu de soulfre
i'aimerois mieux mettre le Karabe, qui est
l'ambre iaune, dont le parfum est excellent, &
amy du cerueau. Varron dit vn beau mot à 1. *De re:*
propos de cette correction: *Etsi salubritas qua rust. cap.* 4
ducitur à cœlo, & à terra, non sit in potestate no-
stra, sed natura: multum tamen est in nobis,
quod qua sunt grauiora, possumus diligentia no-
stra facere leniora.

    Il ne faut sortir le matin de la maison,
qu'apres le Soleil leué, & se faut retirer le
soir aussi tost que le Soleil est couché : d'autant qu'il y a des vapeurs au matin, qu'il
faut que le Soleil dissipe, & le soir il en tom-
be que le Soleil auoit esleuées, & n'auoit pas
dissipées.

    Il faut fermer la fenestre au Midy, & l'ou-
urir au vent de bize ou Septentrion, qui s'appelle le balay du Ciel, & à l'Orient mesmes,

le matin , quelque temps apres le Soleil leué.

L'habitation d'vn chacun doit estre plus-tost aux chambres hautes , qu'aux basses, pource que l'air y doit estre plus pur. La maison doit estre bien baliée; le linge qu'on porte sur soy, & celuy dont on se sert au lit & à la table, fort net, & blanc, & changé souuent.

Venant à sortir faut éuiter les grandes assemblées, toutes personnes suspectes, s'escarter des cimetieres, cloaques & voiries.

Les habits qu'on doit porter sont le satin, taffetas, camelot, tabis, & semblables, qui ne monstrent point le poil, & sont si lissez & serrez , que malaisément le mauuais air, & quelque infection que ce soit, y peut-elle entrer , & s'y attacher, principalement si on en change souuent. Les riches les pourront parfumer de poudres de cypre ou de violettes, les pauures de roses , menthe & lauande.

On portera dans la main vne boulette d'argent, d'yuoire, ou de bois de cyprez faite au tour departie en deux, & creuse , dans laquelle on mettra vn morceau d'esponge trempée en eau de naffe, ou en eau de roses, vin blanc & vinaigre, & quelque goutte d'essence d'anis.

Du manger.

Quant au manger & au boire , il faut cõmencer le matin par le desieuner, & ne sortir

point de la châbre qu'on n'aye pour le moins
pris vne roſtie de pain , auec deux doigts de
vin blanc , bien trempé. Ceux qui n'ayment
pas le vin arroſeront la roſtie du ſuc d'vn demy citron, ou d'autant de ſuc d'vne bonne
grenade s'il s'en trouue. Au reſte il faut ténir
ces cinq maximes ; qu'il ne faut pas eſtre en
ce temps ny trop plein , ny trop vuide, mais
faut ſortir de table auec appetit ; ne faut má-
ger diuerſes ſortes de viandes ; ny prendre
le repas du ſoir , que les viandes du repas du
matin ne ſoient cuites & digerées ; que ces
viandes ſoient de bon ſuc & facile digeſtion;
& que les fruits propres à laſcher le ventre
ſoient pris à l'entrée du repas , & les adſtrin-
gens à la fin.

Les viandes de bon ſuc & de facile conco-
ction & digeſtion ſont les œufs frais , la volaille, le veau, le mouton , le perdreau ou la
perdris, le faiſaneau ou le faiſan, le pigeon-
neau , le lapreau , le leuraut , le rable de ge-
neſt, la caille,& ſemblables oyſeaux de campagne, ayant la chair blanche , tant bouillis,
que roſtis. Bouillis pour les corps bilieux &
temperamens chauds & ſecs , roſtis pour les
pituiteux & temperamens froids & humides,
encores qu'en general il faut que les viures de
cette ſaiſon ayent vne qualité mediocrement
deſiccatiue. Les viandes bouillies ſeront al-
terées de feuilles d'ozeille, ſoucy, bourrache,
bugloſe & verius de grain, & les roſties auec
vinaigre, ſuc d'ozeille, verius, citron ou orá-
ge. Vn chapon nourry de chair de viperes eſt

excellent en ce temps. Les Italiens en vſent
pour prológer leurs iours. Les viãdes de mauuais ſuc & de difficile digeſtion ſont le bœuf,
le pourceau, la venaiſon, le lieure, les oyſeaux de riuiere, & autres chairs noires. Les
viandes trop humides ſont en ce temps auſſi
contraires, comme les cochons, les aigneaux,
& toutes viandes de laict, fors le veau d'vn an;
les poiſſons en general, comme eſtans naturel-
lement humides, & faciles à corrompre, ſont
bannis de ce regime. Et neantmoins ceux de
mer, & particulierement ceux qu'on appelle
ſaxatiles, qui viuent entre les rochers, ſur le
grauier, ou arene, ſont aſſez ſains & ſalu-
bres, comme la ſole, le turbot, la dorée, le
tourd, la perche, & ſemblables: Comme auſſi
ſont entre ceux de riuiere la truitte, le bro-
chet, la perche, & autres qui viuent dans vne
eau de riuiere claire & nette ſur le ſable, &
non dans la bourbe. Ils ſeront aſſaiſonnez
auec le ſel & le vinaigre pour corriger leur
humidité ſuperflue, & ſeront meilleurs roſtis que bouillis, & vn peu plus ſalez que frais.
Les poiſſons de mauuais ſuc, ſont les poiſſons
d'eſtang & de marais, comme la carpe, la tan-
che, le barbeau, & ſemblables.

Sont auſſi de mauuaiſe nourriture les ex-
tremitez des animaux, & leur ventre, les lai-
tages, fromages, legumes, ſalades, fruits
crus, principalement les melons, les con-
combres, les abricots, les peſches, & les prunes douces, pource que tout cela emplit le
corps d'vne humidité pourriſſante, ou de vẽs.

Mais les prunes de damas, qui ont quelque
acidité, le raisin, & la figue, qui a vne particuliere vertu contre ce mal, ne sont mauuai-
ses prises à l'entrée du repas : comme les poi-
res, les coings, les neffles, & semblables ad-
stringents & confortatifs, à l'issuë.

La salade de citron & d'orange auec l'eau
rose, & sucre n'est non plus defenduë : mais
bien toutes patisseries, & espiceries, fors la canelle & la muscade, & l'vsage de l'huile, à
quelque sauce que ce soit, pource qu'elle s'enflamme aisément, & de plus charge l'estomach.

Du boire.

Pour le boire, il se faut tenir à sa coustume,
boire de l'eau, ceux qui l'ont accoustumé, &
du vin de mesme. Mais 'il faut bien prendre
garde à boire, & à cuire la viande, & à pestrir
le pain, de bonne eau de fontaine, & non de
riuiere, qui prend beaucoup de part à l'air
corrompu, & à l'égoust des villes pestiferées.
L'eau des puits est defenduë, quand le mal
vient des vapeurs soubsterraines : mais quand
il vient des causes superieures, elle est prefe-
rees à toutes. Ceux qui apprehendent que
l'eau ne soit pas bien nette, la peuuent corriger auec vne billette d'acier, ou vne piece
d'argent, ou plustost d'or, chaude ou ardente.

Quant au vin, le plus sain en cette saison est
celuy, que Galien appelle ὀλιγόφορον, c'est à

dire, qui porte peu d'eau, mais au reſte eſt clair, net, delicat, ſubtil, & de bonne o-deur, & s'il ne faut laiſſer de le bien tremper de bonne eau de fontaine, ou d'vne deco-ction de racines d'ozeille, ou de ſcorzonere plus en Eſté, moins en Hyuer. Que s'il faut boire entre les repas, on doit prendre vne on-ce de ſyrop aceteux, ou de limons, ou de l'ai-gre de cedre, qui en aura, & la battre auec ſuffiſante quantité de ladite eau ou deco-ction.

Du ſommeil & des veilles.

id. 6.

Hippocrate dit, que les viſceres & parties nobles ſe fortifient par le ſommeil, comme font les iointures par le trauail. Le ſommeil humecte & rafraiſchit vn corps chaud & ſec, & tempere celuy qui excede en autres quali-tez, pourueu qu'il ſoit moderé. Il fait les cô-coctions plus loüables, & engendre abondan-ce d'eſprits, par le moyen de la chaleur natu-relle, qui eſt retirée au foye, au cœur, & au cerueau, & n'eſt point diſtraitte aux fonctions du mouuement, & ſens exterieurs, comme elle eſt pendant les veilles. Il faut veiller de iour, & dormir la nuict. Le ſommeil du Midy, & ſingulierement incontinent apres le repas, eſt dangereux de remplir le cerueau de trop de vapeurs, cauſer mal de teſte, & aug-menter ou charger le corps de trop d'humidi-té, qui eſt la mere de putrefaction, & par cô-ſequent de diſpoſition à ce mal. Il ſe faut

mettre au lict trois heures apres soupper, ou
deux pour le moins. Faut dormir sept heures,
qui est la iuste mesure du sommeil necessaire
pour la reparation des forces, & pour oster
toute lassitude. Les femmes & les enfans ont
besoin de dormir deux heures dauantage,
pour consommer l'humidité superfluë dont
ils abondent. Qui dort d'auantage n'engendre qu'excremens & matiere à fluxions & ca-
therres. Si on dort moins, le corps en est eschauffé & enflammé, les forces en sont de-
bilitées, & les cruditez multipliées, dont
suyuent obstructions, cachexies & emmai-
grissement de tout le corps.

De l'exercice & du repos.

Entre les preceptes de santé, que donne
Hippocrate en tous ses œuures, il en particu-
larise deux en ses epidemies, sçauoir est, *Epid. 6. sect.*
manger sans se fouler, & n'estre point pares- *4.*
seux au trauail & exercice du corps. Mais il
se faut garder en ce temps d'y faire excés. *1. de diff.*
Celuy qui vse d'vn exercice moderé, dit Ga- *feb. cap 3.*
lien, se rend imprenable à la fieure pestilen-
tielle. Il ne faut donc danser, sauter, ne courir,
par trop ; car le corps en est eschauffé & enflammé, & partant a besoin d'vn grand ra-
fraischissement, & d'attraction plus grande
d'air, lequel estant corrompu & infecté, in-
fecte aussi le cœur & les esprits, lesquels autrement le surmonteroient, & en rabatroient
la mauuaise qualité, par la resistance & force

de la chaleur naturelle. Il fe faut promener doucement à pied, ou à cheual, ou en carroffe, ou baloter dans vn ieu de paume, fans en venir à la fueur, qui eft auffi dangereufe à caufe qu'elle ouure les pores du cuir. Le temps de s'exercer eft le matin, auant le repas, & vne heure apres le Soleil leué, en vn lieu defcouuert, à l'ombre de quelque paliffade, fi les rayons du Soleil font trop chauds, & dans vne galerie ou falle, s'il pleut ou vente, ou fi on eft proche d'vn lieu fufpect.

Le temps de fe repofer eft, quand on commence à fe laffer, & auant que les pores du cuir foient fi ouuerts, que l'air contagieux s'y puiffe gliffer. Car au lieu de fortifier la chaleur naturelle, & durcir le corps, contre le mauuais air, par l'exercice, on l'affoibliroit, par l'exhalation des efprits, & introduction de l'air peftilent. Paffé midy iufques au foir, il fe faut tenir coy, & en repos : Car c'eft le temps, auquel cette fafcheufe maladie domine & fe renforce dauantage, comme elle fait depuis la pleine Lune iufques à la nouuelle ; fi ce n'eft qu'on fe promene par la maifon, ou paffe temps à quelque doux & plaifant exercice, cartes, efchets, & damier.

De la retention & excretion des fuperfluités.

Il n'y a rien, qui apporte tant de trouble & de confufion à la fanté du corps humain, que la retention & durté du vétre, dit le mef-

me Hippocrate, & rien qui garantisse tant de
maladie que la liberté d'iceluy, dit Galien. Et
partant il la faut entretenir si on l'a, & la
moyenner ou procurer, si on ne l'a pas, par
bouillons de pruneaux ou d'herbes potageres
pris le matin. Si cela ne suffit, il faudra y ad-
iouster quelque drachme de créme de tartre.
Ceux qui auront de la conserue de roses pal-
les, en pourront prendre vne once deux heures auant disner. Quelques vns ne s'esmeu-
uent pas pour cela, & ont besoin d'vne ad-
dition de quelque drachme de senné en infusion, auec quelque correctif, comme canelle,
gyroffle ou santal. Ils en iettent la colature
dans le bouillon susdit. Autres s'accommodent mieux de cette ptisane laxatiue, qu'on
prend le soir en se couchant, composée du
mesme senné au poids d'vne drachme ou enuiron, auec vn peu de regalice, infusé en vn
grand verre d'eau sans feu par l'espace de six
heures ou enuiron. Ie prefereray tousiours
plustost les plus simples & moins medicamen-
teux moyens de lascher le ventre, que d'en-
courir le peril d'esmouuoir par trop. En tout
cas si les bouillons ne suffisoient, i'aimerois
mieux me tenir aux lauemens communs, ou
aux suppositoires, & plustost à ceux-là, qu'à
ceux-cy. Si le ventre est trop lasche, & coule
beaucoup, il se faut abstenir de ce qu'on croit
qui en est la cause, & ne donner par là occasion au corps de s'affoiblir, & estre plus susce-
ptible de l'air pestilent. Ce qui se pourra encores obtenir vsant à l'entrée du repas du co-

6. Epid.

Com. in 6.
Aph. sect. 2.

dignac, ou de gelée de coings, sans oublier
les remedes preseruatifs cy apres declarez,
dans tous lesquels presque entre terre sigillée
& autres adstringens. En autre temps ie n'en
viendrois là, qu'apres l'infusion de rheubarbe
& autres qui purgent en corroborant, lesquels
si la necessité ne presse, i'obmets volontiers à
present pour les raisons cy apres deduites.
Les sueurs sont aussi dangereuses en cette saison, si elles ne sont accoustumées : encores les
faut-il receuoir auec linges, qui ne soient au-
cunement chauds, de crainte de les prouo-
quer. Quant aux vlceres des cauteres il les
faut contraindre à fluer, & les autres de mesme. Il ne faut laisser arrester les hemorrhoi-
des, les menstrues, fistules ny gouttes, ny se-
cher les galles, gratelles, dartres, ny autres
eruptions, par lesquelles la nature se descharge de la cacoëthie ou malignité des humeurs.

Des passions de l'ame.

Celse met entre les choses, qui font vn
teint frais, & en-bon-point, *animi securitatem,*
le contentement d'esprit. Il est plus necessaire de l'auoir en ce temps-cy qu'en aucun autre. Car le chagrin & la tristesse & encores
plus la frayeur, & la crainte de ce mal, estei-
gnent la chaleur naturelle, & debilitent toutes les parties du corps. *Animus gaudens æta-
tem floridam facit: spiritus tristis exsiccat ossa,*
dit le Prouerbe: *Cor gaudens exhilarat faciem*

cap. 17.

cap. 15.

In mœrore animi deycitur spiritus, dit il encores. Au contraire la colere & le dépit enflamment les humeurs, & y excitent la fieure, pour peu qu'elles ayent de disposition à pourriture. Il faut donc tenir le milieu, & s'entretenir en vne gayeté & allegresse d'esprit, par lectures plaisantes, compagnies agreables, musique, luth, & autres instrumens harmonieux, & demander à Dieu vne force d'esprit, pour voir sans apprehésion & angoisse la mort de nos amis & parens : & auec resolution de prendre de sa main en patience ce qu'il luy plaira ordonner de nous.

Du bain, & des femmes.

I'adiousteray icy, qu'outre les six principales choses cy dessus remarquées, on peut encores faire excés au bain, & aux femmes. La plus part des autheurs reiettent absolument l'vn & l'autre. Quant à moy ie tiens auec Ioubert, qu'il en faut permettre l'vsage moderé à ceux qui l'ont accoustumé : Du bain aux bilieux & melancholiques, aux grandes chaleurs de l'Esté, hors & au dessus de la ville infectée ; en lieu non frequenté, & en eau de riuiere bien claire & nette, & ce non tant pour nager, que pour se lauer & nettoyer le corps de toute saleté, pource que, comme dit l'Italien, *La sordidezza è peggio, che vn' altra peste.* Ie craindrois bien plus les bains d'eau tiede, & les estuues, encores qu'elles se fissent à la maison, & en chambre bien close, d'au-

tant que les pores du cuir en sont bien plus
ouuerts, & plus prests à receuoir l'air, qui entre par tout. Pour la compagnie des femmes,
puisque les mariez l'ont accoustumée, ils en
vseront fort sobrement, pour n'estre ny affoi-
blis par l'euacuation, ny trop chargés par la
repletion des vaisseaux. Vn sage comparoit
l'excés qui s'y fait aux plantes, qui iettent leur
graine ou semence en abondance. On les
void incontinent fanir & seicher sur le pied.

Des remedes preseruatifs.

Chap. VI.

APRES s'estre muny d'vn bon regime
de viure, il se faut defendre du mauuais air, par bons preseruatifs, tant externes,
qu'internes ; les vns & les autres, pour fortifier le cœur & le ceruueau, & oster par leur
qualité desiccatiue, la disposition que les humeurs pourroient auoir à la pourriture. Et
d'autant que les externes sont ceux dont on se
garnit le plus volontiers, ie commenceray
par le lauement des mains, de la face & du
poignet, qu'on fera tous les matins, auant que
sortir de la maison, d'eau rose, vin & vinaigre, dans lesquels auront deuant trempé
quelques pieces d'escorce de citron, ou orange, prenant garde de ne toucher aux yeux, qui
pourroient estre offensés du vinaigre.

Pour le mefme effect, ie propofois cy-de-
uant la boulette d'argent ou d'yuoire, dans
laquelle fe met vn morceau d'efponge, laué
premierement en eau chaude, & puis trempé
en eau de naffe, ou eau rofe & vinaigre : ou
pluftoft en decoction de racines de valeriane
& zedoar, auec feuilles de mariolaine, fauge,
fureau, rofmarin, origan, calament & myrrhe, le tout bouilly en eau & vin blanc, ad-
ioufté fur la fin en moindre quantité, fans oublier d'y ietter quelque efcorce de citron ou
orange, & vn peu de canelle & fantal, ou
quelque clou de giroffle, pour ceux qui
en ayment l'odeur, & trois grains de camphre.

Les pommes de ftorax, benjoin, ladanum,
bois d'aloes, fantaux, carabé, & ambre gris
font propres pour porter en la main, & fleu-
rer aux occafions, eftant incorporez enfemble,
auec eau rofe, & vn peu de gomme tragacanth. Si on les trouue trop fortes en cette
façon, on les pourra faire de rofes, nenufar,
fantaux, femence de pauot, & camphre, auec
mucilage de la mefme gomme extraite en
eau d'ange ou naffe, & vn peu de charbon de
faule pour y donner la couleur. Ceux qui ne
fe voudront donner tant de peine porteront
le citron lardé de canelle, ou de quelques
fragmens de fantal citrin, ou feulement de
branchettes de rofmarin, ou laurier. On
pourra porter au doigt quelque pierre pre-
cieufe de celles qui font recommandées contre tous venins, & particulierement contre la

Peſte, comme le ſaphir , le topaze, l'agathe,
le hyacinthe & la perle. Quelques vns portent au col vne piece de licorne enchaſſée en
or ou argent : Les autres la racine du grand
plantain en vn ſachet : les autres portent le
Mercure ou argent-vif cru dans vn tuyau. Le
Pape Adrian portoit vn ſachet d'arſenic ſur
la region du cœur. Pluſieurs à ſon exemple
incorporent l'arſenic, le reagal,& vn peu de
ſaffran auec vn blanc d'œuf,& le portent dans
vn taffetas ou dans vn linge ſur la region de
l'eſtomach ou du cœur, pour appriuoiſer, di-
ſent-ils, & accouſtumer le cœur peu à peu au
venin, comme faiſoit cette fille d'Athenes
qui ſe nourriſſoit, diſent les vns, de napel,qui
eſt vn eſpece d'aconit ,ou de cigue, comme
diſent les autres : Ou bien comme Mithri-
date Roy de Pont, duquel dit le Poëte

Effecit poto Mithridates ſæpè veneno,
Toxica ne poſſent ſeua nocere ſibi.

Mais ie ſuis de l'aduis de Craton premier
Medecin de l'Empereur Rodolphe, qu'il ne
ſe faut pas joüer à ce jeu là, où il s'exhale touſiours quelque partie plus ſubtile du venin,
qui s'inſinue inſenſiblement au dedans,com-
me il a paru dans Paris depuis peu de iours,
en quelques vns , qui en ont eu de grands
maux de cœur, iuſques à ce que par le conſeil
d'vn des premiers Chirurgiens du Royaume,
à qui ils s'eſtoiét addreſſés,ils le quitterét fort
à propos. Vn bon ſachet de ſantaux, bois d'a-
loes, macis & ambre gris,mis entre deux taffetas auec vn peu de cotton & contrepointé,
comme

comme on a accouftumé, eft beaucoup plus
fain & plus feur. Ceux qui ne craignent point
l'odeur de la rofe, l'y peuuent adjoufter, comme auffi l'iris, le fchœnanth, le calamus aro-
maticus, le faffran, & femblables. Ceux qui
ne porteront point de fachet, froterôt ayans
à paffer par lieux fufpects, la region du cœur
& de l'eftomach, de theriaque. Et pour le
mieux, encores la nuque du col, & le poignet
des bras. Le fufnommé Sala a pour cela fon
onguent bezoardiq, dont la defcription eft
longue, on la peut voir dans l'Auteur. Vn autre bon remede externe, eft le cautere potentiel au bras, ou à la iambe, neceffaire particulierement à ceux qui affiftent de leur perfon-
ne les peftiferés, comme Confeffeurs, Medecins, Chirurgiens, & autres.

Ie ne parle point icy du preferuatif, que
plufieurs perfonnes fales & fordides vont
prendre à l'anneau ou ouuerture des lieux fe-
crets, tous les matins, auec le nez, comme
la nature ne nous auoit pas abondammer
fourny remedes propres & conuenables.

Quant aux remedes internes, neceffaires
pour fe preferuer de ce mal, les vns font eua-
cuatifs, les autres alteratifs. Les vacuatifs
font les faignées, & les purgations, les vnes
& les autres inutiles, voire dangereufes en
cette faifon, de crainte d'apporter de la com-
motion aux humeurs, ouurir les conduits par
où fe peut infinuer le mauuais air, & affoiblir
le corps; veu que non feulement à la Pefte, *Lib. 1.*
mais *omnibus morbis*, dit Celfe, *infirmitas eft*

C

obnoxia. Toutesfois si la plenitude estoit grande & perilleuse, comme remarque Hippocrate en l'habitude athletique, ou qu'il y eust
vn grand vice & impureté au sang, & autres
humeurs, comme il paroistra par l'intempe-
rie de tout le corps, lassitude de membres, &
autres signes, ie ne serois difficulté de des-
charger la nature de ce pesant fardeau, par
vne saignée du bras, ou du pied, selon les occasions, & indications generales de l'art, &
en tirerois la quantité, qu'indiquent les forces
& vn peu moins. Si la plenitude est particuliere à la teste, la ventouse & la sangsue peuuent estre vicaires de la saignée, encores qu'il
soit tousiours plus à propos, que la saignée
precede.

Le peril est plus grand pour la purgation,
tant de crainte d'exciter des diarrhees ou
flux de ventre suspects en ce temps, que d'apporter quelque perturbation, qui enflamme
la pourriture des humeurs, tant peu qu'il y
en ayt. Les paroles de Celse sont belles à
ce propos. *Neque ieiuno, neque cœnato vomen-
dum est, neque mouenda aluus, atque etiam si
mota est per se, comprimenda est. Si plenius cor-
pus est, abstinendum potius est. Nam pericu-
losa quæcumque commotio est, ne putredinem ac-
cendat.* Et c'est le conseil d'Hippocrate 2. *de
nat. hum.* qu'il faut faire en sorte que le corps
ne soit pas trop plein, & aussi ne soit pas
trop debile, en se retrenchant, peu à peu, de
ce qu'on auoit accoustumé de boire & de
manger, de crainte qu'il n'arriue pis, si on

faisoit tout à vne fois la descharge & euacuation des humeurs. Si donc Galien 2. *de diff. feb.* a semblé dire quelque chose contraire à cela, il faut croire qu'il a entendu ouurir les obstructions, & purger les corps, non en vne constitution desia pestilente, mais quand on la preuoit debuoir bien tost estre telle, comme l'intreprete Andræas Cæsalpinus. Neantmoins il y a des corps si cacochymes, & d'ailleurs si accoustumés à se purger souuent, qu'il n'y a moyen qu'ils s'en passent, sans courir hazard d'estre malades. Car ils perdent l'appetit, ils ont maux de cœur, esblouissement de cerueau, amertume à la bouche, douleur de reins, & pesanteur aux bras & aux iambes, qui sont auantcoureurs de maladie. En ce cas il les faut purger de leur remede accoustumé, pourueu qu'il n'y ayt diagrede, ellebore, ny colocynthe. Si ces accidens arriuent à gens qui n'ont point de remede familier, ils en prendront selon l'aduis de leur Medecin. Les bilieux se seruiront de la casse & des tamarins, ausquels on adioustera la rheubarbe, s'ils n'ont le foye trop chaud, ou qu'on craigne comme Ioubert, la grande humidité de la casse. Aux plus delicats suffiront le syrop violat & rosat de plusieurs infusions, & la manne, ausquels tant pour reprimer leur douceur, que pour seruir de vehicule, on adioustera le crystal de tartre dissoult en vn bouillon. Quant aux melancholiques le senné leur est plus propre, soit en ptisane laxatiue, soit en decoction d'apo-

Cap. 4.

De venenis

Ii de Peste.

C ij

zeme approprié à la nature d'vn chacun. Les phlegmatiques font plus conuenablement purgés par le turbith & agaric, dont le dernier mefmes a vne particuliere proprieté de refifter à ce venin, s'il eft bien choify. Mais d'autant que nous n'abondons pas, & ne pechons pas feulement en vne humeur, ains que le vice de l'vn va le plus fouuent aux autres, nous faifons nos purgations mixtes, en forte pourtant, que ce remede domine, qui a vn particulier regard à l'humeur dominante & excedente. Pour cét effect, nous ordonnons tantoft opiates, tantoft fyrops magiftraux, & ores potions fimples, ou felon que le cas le requiert, nous meflons la caffe auec le fenné, la rheubarbe auec la caffe, le fenné auec l'agaric & turbith, & ainfi des autres, felon les diuerfes complexions, & autres circonftances des perfonnes qui nous font commifes. Et partant il feroit hors de propos de le fpecifier d'auantage. Ie m'en rapporte au Medecin d'vn chacun, comme auffi des apozemes propres pour preparer les corps à cette purgation. Pour les pilules de Ruffus, qu'on tient pour vn purgatif fpecifique, qui garentit toutes perfonnes qui en vfent, de ce mal, ie ne ferois pas fi hardy d'en ordonner à tous, & en tout temps, indifferemment : mais bien aux phlegmatiques, & hors les grandes chaleurs de l'Efté, en reduifant la dofe du faffran à la moitié.

Les remedes alteratifs ont en ce temps plus de vogue, & de credit : les vns fimples, les autres composés.

Les simples sont la racine d'Angelique, d'enula ou eaume, scorzonere, zedoaria, tormentille, imperatoire, morsus diaboli, contrayerua ou drakena, & autres tant seches & en poudre prises au poids de six grains ou dauantage, (fors la zedoaire & l'angelique, dont mesmes trois ou quatre grains suffisent, auec conserue de roses enuiron vne drachme) que confittes en succre fin, comme la scorzonere, l'enula, le drachena, dont on peut prendre vne drachme par chacun matin, & plus.

Les feuilles de ruë, de myrrhis, d'hypericum ou millepertuis, de veruene, ozeille, quintefeuille, pimpinelle, treffle aceteux, ou aleluya, scabieuse, scordium, soucy & galega, ou ruta capraria, sont fort singulieres en decoction prises au matin, tantost de l'vne tantost de l'autre, selon celles qu'on a plus à commandement, au poids de trois onces, ou enuiron, y adioustant vne once de syrop de limons, & ce deux heures auant le repas.

La graine de genieure en temps frais & corps humides fait bien, si on en prend trois ou quatre grains, concassés grossierement, tous les matins, dans vn moyau d'œuf, & deux doigts de vin blanc bien trempé par dessus. La terre sigillée sera plus propre aux corps chauds & secs prise au poids de douze, ou quinze grains, auec deux onces de la decoction de myrrhis, ozeille, treffle aceteux, ou autre des herbes susdites, ou bien auec autant

de vin blanc fort trempé. Ceux qui auront
des grenades commodément, prendront vne
cuillerée du suc moitié des aigres, moitié des
douces, affin que l'eſtomach ne ſoit ny of-
fenſé de la trop grande acidité des vnes, ny
ne ſente la corruption des autres.

Reſte les deux plus grands preſeruatifs,
qui ſoient en la nature, ſçauoir eſt le vin,& le
citron.

Iſaac.

Vn Docteur Arabe compare le vin à la
grande theriaque, à laquelle il le dit eſtre
ſemblable en vertu. Et c'eſt pourquoy il a
tant de ſuyuans, principalement quand il eſt
bon, comme il le faut en ce temps cy. Mais
ie crains que le bon gouſt en attire plus,que la
vertu. Il en faut donc vſer auec la moderation & circonſpection cy deuant preſcrite.
S'il s'y trouuoit vne vipere eſtouffée, comme
en l'exemple apporté par Galien de ceux qui
furent gueris de la ladrerie, par ce cas fortuit
il n'en vaudroit pas pis.

Quant au citron, l'hiſtoire qui eſt dans A-
thene de ces malfaiteurs, qui furent con-
damnés aux ſerpens,fait foy,combien il a
de vertu contre tous venins. Car comme en
allant au ſupplice ils euſſent receu de la main
d'vne cabaretiere vn citron, dont ils ne pen-
ſoient qu'eſtancher leur ſoif, & l'euſſent ſuc-
cé & mangé, ils ne receurent aucun domma-
ge de la morſure de ces ſerpens, deſquels ils
furent aſſaillis de toutes parts.

Les remedes preſeruatifs & alteratifs,
compoſés,ſont principalement la Theriaque,

le mithridat, la confection d'alchermes, la
confection d'hyacinthe, les tablettes de dia-
margaritum frigidum, & de diarhodon abba-
tis, les trois premiers pour les complexions
froides & en temps froid, & les trois derniers
aux complexions chaudes & en temps chaud.
Les premiers au poids d'vn demy scrupul
plus ou moins selon l'aage & diuerses complexions. Les derniers seront donnez au poids
de douze ou quinze grains plus ou moins selon les mesmes circonstances, qu'il faudra
prendre au matin, en sortant de la maison,
auant que s'exposer au mauuais air.

Le vulgaire vsera auec profit & sans dépen-
ce, de la theriaque de ces quatre, ruë, figues,
noix, & le grain de sel, assés commune.

Les Medecins qui cognoissent mieux le
temperament de ceux qu'ils ont en leur charge, peuuent plus à propos dresser nouuelles
formules de remedes, comme d'opiates, de
pastils, de conserues & semblables conuenables à la complexion d'vn chacun, & à la saison. Cette année presente 1623. que le Prin-
temps & l'Esté se sont portés chauds, & secs,
& les personnes incommodées d'intemperies
chaudes & seches, i'ay fait faire vne opiate de
conserues de fleurs de buglosse, bourrache,
nenufar, violes, & roses, auec les perles pre-
parées, la terre scellée, le bol d'armenie, le
coral, les santaux, l'os du cœur de cerf, la rasu-
re d'yuoire, la licorne, & quelques grains
de bezoar oriental, le tout incorporé auec le
suc de limons le poids d'vne drachme de pou-

dre pour l'once de conserue. La plus grande part s'accommodent mieux aux pastils &
muscardins. Ie les forme des poudres qui
entrent en l'opiate, y adioustant la racine de
tunix ou œillet sauuage, & deux ou trois
grains d'ambre gris, & auec vne once de succre rosat, pour deux drachmes de poudre, ie
forme lesdits pastils, auec le mucilage de
gomme tragacanth dissoute en eau de scabieuse. On en prend la grosseur d'vn lupin,
qui est la forme de ces pastils au matin, & autant le soir.

La conserue d'Oliuier Poupard, qui eut
autrefois l'honneur de seruir le feu Roy
Henry le Grand en ses premieres années en
Poictou, me semble assés bonne, pourueu
qu'on diminue la quantité d'Angelique.

Il prend vne liure de racines de scorzonere, autant d'echium, & autant d'angelique (ie
n'en voudrois qu'vn quarteron, voire mesmes
demy) de succisa ou morsus diaboli, autant,
& de tormentille, bistorte, quintefeuille, &
vlmaria de mesmes. Il fait inciser le tout fort
menu, & le fait cuire en eau. Puis le passe
par le tamis, le cuit de rechef dans son eau,
auec double quantité de succre fin, iusques à
ce que l'eau soit toute consommée. Lors
reste sa conserue, dont il fait prendre la grosseur d'vne auelane tous les matins.

Monsieur le Maistre, tres-iudicieux &
sçauant Medecin de Monsieur frere du Roy,
en son conseil presenté à sa Majesté, ordonne
la côserue qui s'ensuit, tres-approuuée & tres-

excellente. Il prend quatre onces de citron
le tout auec l'escorce & le suc rapé, pilé, &
reduit en paste. Il y adiouste autant, ou le
double de conserue de roses liquide, auec
deux drachmes d'alchermes, & trente feuilles
de ruë, non vertes ny arides, mais seulement
deseichees à demy. Il en fait prendre au cou-
cher, & au leuer, la grosseur d'vne demye
muscade.

　Il en court à present vne autre de Monsieur Iouyse Medecin de Rouen fort experi-
menté, qui est singuliere, comme il est aisé à
iuger par la description suiuante.

　Il prend des citrons en quantité suffisante,
qu'il couppe par le milieu, & en tire le suc
par expression, qu'il garde à part, dans vne
phiole de verre. Il iette les graines de citrons,
comme inutiles (ce que ie ne ferois pas) puis
à force de bras, il bat en alabastre les citrons
auec leur escorce, & auec sucre rosart, qu'il
met à discretion, comme quand on fait vne
autre conserue; il fait battre derechef & peu
à peu y fait instiller deux onces de bonne eau
theriacale, dans laquelle il fait dissoudre
deux gros d'ambre gris, & vingt grains de
saffran. Et sa paste estant preste, il met sur le
tout, trois gros d'essence de bon anis, & forme ses pastons, qu'il cuit doucement, comme
la conserue seiche, mais auec la moindre ex-
siccation qu'il peut. Il en donne demye once
à ieun & à discretion apres le repas.

　Ie voudrois regler ces citrons à vne dou-
ne, pour le moins, & le sucre rosat au tiers du

poids defdits citrons, puis que l'eau theriacale
eft dofée, qui eft encores bien forte, & l'ambre encores plus. Ie me pafferois de faffran
en la preferuation, de crainte du mal de tefte,
& du gouft malplaifant, puis qu'il en faut
vfer tous les iours, & l'y mettrois en la curation.

Les Chymiftes vantent leur magiftere de
foulfre, leur fel de Saturne, leur efprit de fel,
& particulierement Angelus Sala fon diafo-
lis, qui eft vne grande & longue compofition.
Il ne faut vfer de ces remedes, que fort fo-
brement, & par la main de gens de bien, &
qui fçachent la portée de leur drogue. Ie dis
cecy pour ceux qui aiment les remedes fpagi-
riques.

De la curation de la Pefte.

Chap. VII.

PVis que la pefte eft vne maladie veni-
meufe, qui tire fon origine de la corruption de l'air, & des humeurs, & a fon fiege
dans le cœur : il eft befoin d'efteindre promptement cette qualité putride, & chaffer ce
venin du principe de la vie, & corriger les
accidens. Le meilleur remede pour cela eft
la theriaque d'Andromachus, que Galien appelle feu purgatif de ce mal, de laquelle l'v-
fage eft confirmé par tant de fuites de fiecles,
& par l'experience commune de tous les Me-

decins anciens, & modernes, que ce seroit
perdre temps de penser à autre remede, pour
le commencement. Mais il faut prendre garde à la donner plus recente qu'on ne fait pas,
principalement aux corps chauds & bilieux.
Les Apothicaires esloignez du lieu où on la
fait, la tiennent assez recente, quand elle n'a
que dix ans. Ils sont fondez sur quelque au-
thorité de leur Mathiole: Mais ie sçay par experience certaine de plus de vingt & cinq ans
en ça, que ses facultez sont plus excellentes
en fait de toute sorte de venins, & fieures pe-
stilentielles, estant recente de deux & de trois
ans, qu'estant plus vieille, soit que la chaleur
de ses ingrediens soit rabatue par la froideur
de l'opium, qui n'est encores lors bien amor-
tie, soit que la vertu des simples y soit plus
viue. Laurent Ioubert est bien de cét aduis,
de la donner recente au moins de quatre ans
aux choleriques, & en temps chaud. Et à la
verité nous ne voyons qu'inflammation, inquietudes, & alteration de l'vsage de la vieille theriaque, si ce n'est aux paralytiques comateux & autres corps pituiteux.

Il faut donc donner promptement, & si tost
qu'on sent les premiers assauts de ce mal, le
poids d'vne drachme plus ou moins selon la
difference des aages, de bonne theriaque recente de trois ans ou enuiron, dissoute dans
cinq ou six onces d'eau, ou suc depuré de scabieuse, qu'on appelle vulgairement chasse-
bosse. On prendra de l'eau de chardon benist
ou d'vlmaria à faute de celle-là, ou toutes

trois enſemble. Ceux qui auront moyen, ad-
iouſteront à cette potion huit ou neuf grains
de bon bezoar oriental , vray & non ſophiſti-
qué.   Ce qu'on connoiſtra s'il contient en ſon
centre vne pouſſiere, ou quelque petite pelli-
cule vuide, ou bien s'il ſonne, comme la pierre
d'aigle. Ce qui n'appartient qu'à la nature,
& non à l'art, de baſtir ſur le vuide. Apres
cette potion priſe dans le lict auec bonne cou-
uerture , ſi le patient ſue à la bonne heure.
Il faut receuoir la ſueur, ſans la violenter,
& s'il vomit ſon remede le reiterer. Trois
heures apres, ſoit qu'il ſuë, ou qu'il ne ſuë pas,
il prendra vn boüillon clair, & quelque temps
apres, ſi ſon ventre eſt pareſſeux, il receura
vn lauement commun. Puis l'ayant rendu,
& ſes forces vn peu remiſes, ſi la fieure paroiſt auec les ſignes de la fieure putride cy
deſſus cottez, ou quelqu'vn d'iceux, le poulx
neantmoins aſſez bon, & les malades ſans
defaillance, vomiſſement, ny grand flux de
ventre, comme ils ſont ordinairement apres
l'vſage de la theriaque, il faudra ouurir la vene baſilique du bras droit, ſi la Nature ne
fait voir par quelque douleur de l'oreille, ou
aiſſelle gauche, qu'elle tend de ce coſté là.
Et en ce cas, il faut prendre la mediane, ou
baſilique gauche. Que ſi au contraire il y a
ſoupçon de l'vne ou l'autre aine, il faut ſai-
gner de la ſaphene du pied, reſpondant à la
partie debile. La quantité du ſang, qu'on doit
tirer ſe meſurera ſelon les forces du malade,
& ſelon l'impetuoſité, dont le ſang coulera.

Il ne faut perdre l'occafion de faire ce remede
dés les premiers iours. Car le plus fouuent
dés le troifiefme ou quatriefme, les forces
font fi abbatues, qu'elles ne peuuent plus
porter ce remede. Les cordiaux & corrobora-
tifs font dés meshuy plus à propos. Il faut
donc quelque peu de temps apres la faignée
reïterer vn cardiaque moins chaud, comme
vne drachme de confection d'hyacinthe, auec
demie drachme de racine de fcorzonere fei-
che mife en poudre fubtile, vn fcrupul de perles preparees, & fept grains de licorne. On
y adiouftera vne once de fyrop de limons,
pour diffoudre le tout enfemble dans quatre
onces de decoction d'vne once de racine de
chyne, ou de canne, & deux onces d'eau de
tefte de cerf. Il faudra compofer & fituer le
malade en eftat de fuer, à quoy on le pourra
inuiter, tant par couuertures, telles qu'il
les pourra porter fans incommodité, que par
veffies pleines d'eau tiede ou vn peu plus que
tiede, appliquées aux aines, & aiffelles. Ayant fué vne heure & demye ou enuiron, felon fes forces, on l'effuyera doucement auec
linges fecs, & non trop chauds, & demye
heure apres on luy dōnera vn boüillon de veau
& volaille affaifonné d'ozeille, ius de citron,
pimpinelle, foucy & femblables. Trois autres heures apres, fi nature ne fait encores voir
aucuns fignes de bubon, ou charbon, on reï-
terera ladite potion cordiale, y adiouftãt deux
drachmes de bonne eau theriacale, fans pro-
uoquer toutesfois de nouueau la fueur, la re-

ceuant neantmoins si elle se presente. Que si le corps s'eschauffe & s'enflamme par l'vsage des remedes susdits, on dissoudra cinq ou six grains de camphre dans deux ou trois gouttes d'eau de vie (s'il se pouuoit dissoudre en autât de vin blanc, ou de ius de citron, il seroit meilleur) on y adioustera vne drachme de cô-serue de roses, pour le reduire en vn petit bolus, qu'on luy donnera à la pointe du cou-steau, ou dans la cuillere auec le syrop de gre-nades. S'il ne le peut prendre en bolus, il le faudra dissoudre en eau d'ozeille, ou de ci-tron. Et à cette mesme intention, on fera apo-zemes & iuleps, de decoction, ou eau, de treffle aceteux, soucy, galega ou ruta capra-ria, scabieuse, scordium & scorzonere, auec le syrop de suc d'ozeille, qu'on luy donnera de deux en deux heures, sauf au temps de le nourrir par lesdits boüillons, gelée, pressis ou œufs frais, qui sera de quatre en quatre, ou de cinq en cinq heures, selon qu'on sentira le besoin.

Mais si auec tous ces remedes, la Nature ne se descharge de son venin, & n'expulse le bu-bon aux emonctoires, ou le charbon és autres parties du corps, il faudra auoir recours au bezoar animal, qui est *l'alcool viperarum* des-cript par Crollius, qui se fait des visceres, cœur & foye, & non de la chair de viperes, mis en poudre subtile, apres auoir esté sechez selon l'art. Il en faut donner vne drachme, auec l'eau de teste de cerf, & eau d'vlmaria par moitié, deux onces de l'vne, & autant de l'autre. Ceux qui n'auront ce remede, se seruiront de l'electuaire d'œuf, dont se seruoit l'Empereur Maximilian pour la preseruatiue. Mais comme il faut plus d'hommes à attaquer vne place, qu'à la defendre : de mesme, où il est question de la preseruation vn demy scrupul, ou douze grains de cét electuaire suffisent : & pour la curation il en faut au moins vne drachme.

Il se fait auec vn œuf frais, dont on tire le blanc, & laisse le iaune : & au lieu du blanc osté on y met autant de saffran. On bouche le trou auec paste, & le fait on cuire au four, iusques à ce qu'il soit si sec qu'il se puisse mettre en poudre, à laquelle on adiouste de la racine d'angelique, de succisa ou morsus diaboli, de dictame blanc, de zedoar, & de pimpinelle de chacun deux drachmes, & trois onces de theriaque, dont auec vn peu d'eau de scabieuse, & quelques gouttes de syrop de limons on fait opiate pour l'vsage susdits.

Au lieu de cét electuaire, autres se pourront seruir de celuy qui est escrit en Guidon au chapitre des apostemes de la poitrine, & autres de l'opiate de Scaliger, dont il fait mention en son exercitation 185.

Le syrop Angelic de Nicolaus Massa merite bien d'estre icy descript, pour ceux qui s'accommodent mieux à quelque cueillerée de syrop, qu'à la forme d'opiate, & qui sont bien aises de se passer de lauemens, qui seroient necessaires de deux iours l'vn.

Il prend vne once de racines de caryophyl-

lata, & autant de racines de cichoree, & d'escorce de citron , vne poignee de buglosse,
borrache, melisse, hepatique, marrube blanc,
ozeille auec sa racine, & scabieuse, autant de
l'vne que de l'autre, demie once de graine d'o-
zeille , de cichoree , & des quatre semences
froides , autant de chacune ; trois drachmes
de racine de capres ; deux drachmes de poignee de polypode, thym, epithyme & de senné autant de l'vn que de l'autre ; demye once
de rheubarbe ; six drachmes de suc de fume-
terre, de suc d'absynthe, de suc d'hieble , de
suc de plantain autant de l'vn que de l'autre;
deux drachmes de mirabolans citrins , & autant de chebules. Il cuit le tout preparé selon
l'art en suffisante quantité de succre, & le reduit en syrop, adioustant sur la fin quatre onces de suc de limons. Mais ou il faut faire la
decoction en eau suffisante , comme deux ou
trois liures d'eau, ou bien il faut augmenter
la dose des sucs, iusques à cette mesure pour
le moins. Puis s'il reste vne liure de decoction
on y adioustera autant de succre pour en faire
syrop, duquel il prendra deux onces à l'intention susdite, ou vne once seulement de deux
iours l'vn pour la preseruatiue, au lieu des pilules de Ruffus susnommées.

Il fait bon estre muny de bonne heure d'vn
de ces electuaires, qui en cette occasion est
plustost trouué à la maison, que cherché bien
loin, & encores auec peine, & quelquesfois
trop tard. Mais il faut auoir pris deuant l'aduis de son Medecin, sur le choix de celuy de

ces

ces electuaires, ou autres qui conuiennent mieux à sa complexion.

Ceux qui ont en horreur les electuaires & syrops, peuuent prendre seulement de l'eau theriacale, ou de cette excellente eau, qui fut enuoyée d'Ostende au Roy lors que la peste y estoit, durant le siege. La description en est longue, Iean Vigier Medecin de Castres l'a en son traitté de Peste.

On me dira que la theriaque, qui entre en tous ces remedes, apporte vn accident beaucoup à craindre en ce mal, qui est le sommeil, principalement quand elle est recente. A quoy ie respons, que celle de trois ans, que ie demande, est si bien fermentée, que la vertu narcotique n'y domine plus : & d'ailleurs que le sommeil, que donne la theriaque, fortifie le cerueau, restaure les esprits, & rabat la vapeur venimeuse que donne l'assoupissement symptomatic de la peste. Et neantmoins il arriue quelquesfois que le sommeil symptomatic est si grand, qu'il ne peut ceder aux remedes ; & les malades meurent tous comateux ou assoupis, comme il arriua en 1606. & 1607. à Poictiers, où par le commandement du Magistrat, estans les Medecins assemblez, sur la remonstrance faite par le Chirurgien de la santé, que l'assoupissement des pestiferez d'alors, estoit tel, que ny par theriaque vieille, ny mithridat, ny autre composition qu'il eust par deuers luy, ils ne pouuoient guerir, ains mouroient presque tous : Nous fusmes d'aduis d'vne opiate, qui fut appellée Polycreste,

D

dont la plus part guerirent. Et eſtoient en cette conſultation Monſieur Pidoux Medecin
du Roy noſtre Doyen, Monſieur Milon, qui
depuis a eu l'honneur d'eſtre premier Medecin du feu Roy Henry le Grand, Monſieur le
Coq Medecin du Roy, à preſent noſtre
Doyen, & moy. En voicy la deſcription.

♃. rad. tuncis, tormentil. pentaph. enul. camp. ſca-
riophy. ſcorion. imperat. ſicca. an. ʒ. iiij. cort. citri ſicci ʒ.
ij. rad. angel. zedoar. an. ʒ. j. fol. vlmar. agrim. beton.
ſcordij, cardui, ſucciſæ, veron. rutæ, chamedr. abſynth.
ſicc. an. ʒ. j. ſem. citri acetoſ. bombacis, aniſi, fœnic. co-
riand. præpar. an. ʒ. ſs. rad. eboris, cornu cerui, kara-
bes, ſantal. omnium, dictam. cret. ſummit. hyper. thymi,
an. ʒ. vj. bacca. iuniperi ʒ. ij. boli Bleſenſis, ʒ. iij. ſ. om-
nium puluis.

♃. pulu. præd. lib. j nucum iuglandium conditarum,
& nucum moſch. it. conditar. an. lib. j. ſs. ſyr. deſucco a-
cetoſ. ſyl. & de limon. an. lib. j. mellis roſ. colati qu. ſ.
opiata; de qua detur ʒ. ſs. pro doſi ex aqua, & media
parte vini albi.

Il ne faudra cependant oublier l'vſage des
remedes externes, comme epithemes, tant ſo-
lides, que liquides : ceux-là de conſerues de
violes, bugloſſe, theriaque, & confection
d'alchermes, & ceux-cy, tant de ſucs, que
d'eaux de chardon beniſt, vlmaria, ozeille &
vin blanc, auec quelque drachme de confection d'alchermes, ou ſeulement de diamarg.
frig.

Les entrailles des animaux ouuerts tous vifs,
& les poulmons, ſur tout d'aigneaux, cheure-
aux, & moutons, ſont fort propres à contem-

peter la chaleur ardente du cœur, & des autres visceres, & en tirer hors le venin, comme aussi les petits chiens tous entiers, les pi-
geonneaux, & les poulets. A quoy seruent aussi
grádemét les ventouses auec scarification, ap-
pliquees le long & au costé de l'espine du dos,
& les vesicatoires sur les cuisses, & sur les
bras, faits ou de cantharides auec le leuain, ou
auec le ranuncule des prés, ou auec l'escorce
de vitis nigra ou flammula, qu'on laissera
ou fera fluer le plus long temps qu'on pourra.

Pour le regime de viure, il suffira de nourrir le patient des boüillons susdits, pour les
premiers iours. Et quand le bubon ou charbon sera sorty, on le nourrira vn peu mieux par
gelée, consommez, pressis & œufs frais, tantost de l'vn, tantost de l'autre, mais le plus
souuent de boüillons.

Quant au boire, il sera d'ordinaire de decoction d'ozeille, ou de scorzonere, ou de tous
les deux, auec vn citron taillé en pieces : &
quelquesfois d'vn peu de vin blanc, ou autre
peu chargé de couleur, bien trempé, pour re-
leuer les forces abbatues.

Ie laisse icy la purgation, fors celle du syrop Angelic, d'autant qu'elle ne feroit qu'ai-
grir le mal, & augmenter l'inflammation, sans
oster rien de la cause efficiente, qui est l'air
venimeux, infectant le cœur & les esprits : ny
de la materielle, qui sont les humeurs encores crues à ce commencement. Hippocrate l'a
remarqué en ses Epidemes 3. Les purgations,
dit-il, les offençoient, & en mouroit beaucoup,

& à ceux qui en eschappoient, le mal en deue-
noit plus grand. Il parle de la peste de son
temps. On remettra donc la purgation apres
le septiesme, & cependant on entretiendra la
liberté du ventre auec lauement.

De l'abscez pestifere qu'on appelle bubon, bosse, ou particulierement la Peste.

Chap. VIII.

SI la fieure est ephemere pestilente, elle est
chassée par les sueurs, & son venin dompté,
destruit & consommé par le premier remede,
s'il est domptable : mais si la fieure est putride
pestilente, comme elle est le plus souuent,
dans le deux ou troisiesme iour, aux vns plustost, aux autres plus tard, nature se fait voye,
& chasse la cause morbifique aux parties qui
luy sont destinées pour sa descharge, qu'on
appelle emonctoires. Si la teste a la plus grã-
de part du vice des humeurs, nature poussera
l'abscez derriere les oreilles, qui est l'emonctoire du cerueau. Si c'est la poictrine, elle
poussera l'abscez à l'aisselle, qui est l'emonctoire du cœur. Si c'est le ventre inferieur,
l'abscez paroistra à l'aine, qui est l'emonctoire
du foye. Dés lors que le bubon monstre qu'il
s'approche de l'emonctoire, il se faut bien
garder de repousser la matiere au dedans. Il
la faut plustost attirer par vne ventouse appli-
quée sur la partie tumefiée, & ne la faut lais-

ser long temps, mais pluſtoſt l'appliquer à diuerſes fois, afin de ne reſoudre la matiere, qui a beſoin de venir à ſuppuration, & prendre air, la ventouſe oſtée il faut incontinent appliquer le cataplaſme de racine de lys, guimauue, feuilles de ſcabieuſe, & ozeille, auſquelles on adiouſtera vn oignon cuit ſoubs la cendre. Et à la pulpe de tout cela le tetrapharmacum & la graiſſe de pourceau. Si la tumeur eſt du tout ſans inflammation, on y pourra encores adiouſter la gomme ammoniac, ou galbanû diſſoults en vin, & meſmes le leuain. La plus grande part de ceux qui ſeruent dans la maiſon de la ſanté ſe contentent de l'oignon ſuſdit & du leuain, & s'en trouuent tres-bien. Mais ſi la tumeur eſt auec inflammation, & la fluxion vehemente & impetueuſe en cette partie, il ſera plus à propos, au lieu de la ventouſe, de tirer du ſang de la vene la plus proche ſelon les indications marquées cy deuant, & s'abſtenir entierement de la ventouſe, qui ne feroit qu'irriter le mal. Et cependant il faudra oindre la tumeur d'huile de ſcorpions faite ſelon la deſcription de Fallope, ou de Mathiole. Et quelque temps apres y appliquer l'oignon cuit ſoubs la cendre, y adiouſtant deux ou trois drachmes de theriaque, & vn peu de beurre pour le reduire en conſiſtence de cataplaſme. On recommande pour le meſme effect, l'oignon de la couronne Imperiale, cuit de meſme ſoubs la cendre, & incorporé auec vn peu de vieille theriaque & de graiſſe de pourceau. Auſſi toſt que la tu-

Cap. de
Bub. peſtil.

meur paroiftra affez efleuée , fans attendre
qu'elle foit en fon eftat, on appliquera au lieu
plus éminent le cautere potentiel , l'efchare
duquel eftant faite, il la faudra incifer iufques à la matiere cruë ou cuite, & puis procurer ce qui manque à la fuppuration, par lef-
dits cataplafmes fuppuratifs. En apres mon-
difier l'vlcere auec le mondificatif de apio, y
adiouftant touſiours la theriaque vieille, qui
eft la meilleure exterieurement , pour empef-
cher la mortification , & pourueu qu'on l'éui-
te , l'vlcere s'incarnera & cicatrifera affez
toft, & mefmes feroit à propos, qu'il fluaft
long temps , pource qu'il depend d'vne inflammation interne des vifceres , à laquelle il
fuccede , felon l'Aphorifme *Febres ex bubone,*
præter ephemeras, malæ. Elle eft bien du bubon,
mais de celuy qui fe fait , & non de celuy qui
eft defia fait, comme eft l'ephemere , non pe-
rilleufe , ny fon bubon auffi , comme il a paru
ces iours paffez en perfonnes fort releuees, &
par tout ailleurs.

LIB. 2.
Aph.

Du Charbon.

CHAPITRE IX.

LE Charbon eft vne efpece de phlegmon,
ou puftule phlegmoneufe , s'efleuant en
veffies, dure, d'vn rouge obfcur, & quelquesfois noire, auec douleur, chaleur, & ponction,
laquelle fe venant à ouurir fait efchare, com-

me vn cautere. Le plus toſt qu'il ſe peut ouurir eſt le meilleur, en ce temps cy, afin de
donner air à la qualité maligne qui l'accom-
pagne. A quoy la Nature ne pouuant pas ſi
toſt ſatisfaire, il faut auoir recours à l'art. Et
partant apres auoir vn peu mitigué & refrené
la chaleur & inflammation de la partie, par le
cataplaſme d'arnogloſſe, qui ſe fait des parties égales de plantain, de lentilles, & de pain
de meſnage, cuits en eau; ou par celuy de
feuilles de ſcabieuſe, ozeille, & prinelle, cuites ſoubs la cendre, & incorporés auec beurre
frais, & moyau d'œuf, il faut ſcarifier pro-
fondement la tumeur, ou ſi le patient, ne le
peut permettre, y appliquer le cautere potentiel premierement, & puis faire la ſcarificatiõ
ſur l'eſchare. Puis on remettra le cataplaſme
d'arnogloſſe. On fera tomber l'eſchare auec
les ſuppuratifs ordinaires, parmy leſquels on
mettra touſiours du ſuc de ſcabieuſe, & de la
theriaque, pour obuier à la putrefaction.
L'eſchare cheute, on mondifiera l'vlcere auec
le ſyrop de roſes ſeches, ou ſemblable : on
l'incarnera & cicatriſera ſelon les regles de
l'art.

FIN.